BEI GRIN MACHT SICH IHR WISSEN BEZAHLT

- Wir veröffentlichen Ihre Hausarbeit, Bachelor- und Masterarbeit

- Ihr eigenes eBook und Buch - weltweit in allen wichtigen Shops

- Verdienen Sie an jedem Verkauf

Jetzt bei www.GRIN.com hochladen und kostenlos publizieren

Bibliografische Information der Deutschen Nationalbibliothek:

Die Deutsche Bibliothek verzeichnet diese Publikation in der Deutschen National-
bibliografie; detaillierte bibliografische Daten sind im Internet über http://dnb.d-
nb.de/ abrufbar.

Impressum:

Copyright © 2013 GRIN Verlag, Open Publishing GmbH
Druck und Bindung: Books on Demand GmbH, Norderstedt Germany
ISBN: 9783656829911

Dieses Buch bei GRIN:

http://www.grin.com/de/e-book/282943/erfassung-der-monatlichen-lohndaten-
unterweisungsentwurf-industriekaufmann

Joanna Frömel

Erfassung der monatlichen Lohndaten (Unterweisungsentwurf Industriekaufmann, -frau)

Personalbüro - Lohnerfassung

GRIN Verlag

GRIN - Your knowledge has value

Der GRIN Verlag publiziert seit 1998 wissenschaftliche Arbeiten von Studenten, Hochschullehrern und anderen Akademikern als eBook und gedrucktes Buch. Die Verlagswebsite www.grin.com ist die ideale Plattform zur Veröffentlichung von Hausarbeiten, Abschlussarbeiten, wissenschaftlichen Aufsätzen, Dissertationen und Fachbüchern.

Besuchen Sie uns im Internet:

http://www.grin.com/

http://www.facebook.com/grincom

http://www.twitter.com/grin_com

Durchführung einer Ausbildungssituation

(im Rahmen der Ausbildereignungsprüfung)

Erfassung der monatlichen Lohndaten mit der Baulohnsoftware Technokom

Ausbildungsberuf:
Industriekaufmann/-frau

Lohnbuchhaltung

Prüfungstermin:

28. Mai 2013, IHK mittleres Ruhrgebiet (Bochum)

Name, Vorname:

Frömel, Joanna

Allgemeine Angaben

1. Zuständige Stelle: IHK mittleres Ruhrgebiet (Bochum)

2. Name und Anschrift
   des Prüfungsteilnehmers: Joanna Frömel, Am Heerbusch 46, 44894
   Bochum

3. Tag der Unterweisung: 28. Mai 2013

4. Ausbildungsberuf: Industriekaufmann/-frau

5. Thema der Unterweisung: Erfassung der monatlichen Lohndaten mit
   der Baulohnsoftware Technokom

6. Lernort (Ausbildungsplatz):   Lohnbüro

7. Anzahl der Auszubildenden: 1 Person

8. Ausbildungsstand: 3. Ausbildungsjahr, 8. Ausbildungsmonat

9. Dauer der Unterweisung: 25 Minuten

10. Unterweisungsmethode: Vier-Stufen-Methode, Lehrgespräch

11. Verwendetes Arbeits- und
    Ausbildungsmaterial: Lohnerfassungsliste, Taschenrechner, PC-
    Arbeitsplatz (hier: Bildschirmausdrucke),
    Stifte und Notizblock

Erklärung des Prüfungsteilnehmers

Die nachfolgende Beschreibung des Unterweisungsablaufes umfasst 14 Seiten (inkl. Anlagen).

Ich erkläre, dass ich diesen Unterweisungsentwurf selbstständig erstellt habe.

Bochum, den 17.05.2013   _____

                                                         Unterschrift

Inhaltsverzeichnis

1. Adressatenanalyse

1.1. Der Ausbildungsbetrieb

Die Echterhoff-Holland Hoch- und Tiefbau GmbH ist ein mittelständisches Bauunternehmen und bietet neben der Errichtung von Industrie- und Wohnungsbauten auch Straßen-, Kanal- und Erdbauarbeiten an. Das Unternehmen beschäftigt zur Zeit ca. 90 gewerbliche Mitarbeiter und 4 Poliere auf verschiedenen Baustellen, sowie 7 kaufmännische und 5 technische Angestellte im Büro. Darüber hinaus durchlaufen hier zwei gewerbliche Auszubildende ihre Ausbildung zum Maurer (beide im 1. Ausbildungsjahr) und drei kaufmännische Auszubildende ihre Ausbildung zum/zur Industriekaufmann/-frau (pro Ausbildungsjahrgang ein Auszubildender).

1.2. Die Auszubildende

Die Auszubildende Lena Muster ist 25 Jahre alt und befindet sich im 8. Ausbildungsmonat des 3. Ausbildungsjahres zur Industriekauffrau. Sie hatte nach dem Abitur zunächst ein Studium zur Bauingenieurin begonnen, entschied sich im Laufe ihres Studiums jedoch dafür lieber eine kaufmännische und mehr praxisbezogene Ausbildung in unserem Unternehmen zu beginnen. Aufgrund ihrer Vorbildung (Abitur) hat sich Frau Muster nach ausführlicher Information durch verschiedene Stellen (IHK, Berufsschulen) für eine verkürzte Ausbildungszeit von 2 Jahren entschieden. Durch das bereits absolvierte Praktikum mit einer Dauer von 3 Monaten in unserem Unternehmen, erhielten wir sehr positive Eindrücke von Frau Muster und ihrer Arbeitsweise und stimmten dieser Entscheidung zu. Frau Muster kann jederzeit auf unsere Unterstützung zählen.

Frau Muster ist sehr wissbegierig, motiviert und verfügt über eine gute Auffassungsgabe. Bereits nach kurzer Zeit kann sie erklärte und gezeigte Tätigkeiten in der Praxis selbstständig umsetzen.

2. Beschreibung der Lernziele

2.1. Richtlernziel

Verordnung über die Ausbildung zum Industriekaufmann/zur Industriekauffrau § 4 (Ausbildungsberufsbild), 7.2 (Personaldienstleistungen) und 10. (Fachaufgaben im Einsatzgebiet, hier: 3. Personalwirtschaft c) Entgeltsysteme).

2.2. Groblernziel

Erfassung der monatlichen Daten im Lohnabrechnungsprogramm und Kontrolle der eingegebenen Daten.

2.3. Feinlernziel

Die Auszubildende soll nach der Unterweisung in der Lage sein selbstständig die notwendigen Lohnabrechnungsdaten in der entsprechenden Software zu erfassen und die eingegebenen Daten zu kontrollieren. Nach Erfassung aller relevanten Daten wird die Lohnabrechnung für die Mitarbeiter erstellt.

2.3.1. Kognitive Lernziele

Die Auszubildende ist nach der Unterweisung in der Lage die Lohnerfassungslisten in der Lohnsoftware zu erfassen, eventuelle Fehler zu erkennen und diese zu korrigieren. Außerdem kann sie die verschiedenen Informationsbuttons in der Lohnerfassungsmaske zur Hilfe bei der Eingabe nutzen.

2.3.2. Affektive Lernziele

Die Auszubildende erkennt die Wichtigkeit der fehlerfreien Eingabe der Lohndaten und lernt verantwortungsbewusst damit umzugehen. Die Bereitschaft zur Eigenkontrolle und zur Genauigkeit bei der Arbeit wird gefördert.

2.3.3. Psychomotorische Lernziele

Bei dieser Unterweisung wird der psychomotorische Lernbereich in der Form angesprochen, dass die Auszubildende den Umgang mit verschiedenen Büromaterialien, wie Stiften, Taschenrechner und Computer weiter einübt.

2.3.4 Vermittelte Schlüsselqualifikationen

Durch wiederholtes Ausüben der in der Unterweisung gezeigten Tätigkeit ist Frau Muster in der Lage diesen Aufgabenbereich bei Abwesenheit der Ausbilderin selbstständig zu übernehmen. Dadurch wird ihre Fachkompetenz im Personalbereich weiter ausgebaut. Auch die Methodenkompetenz wird in dem Rahmen dieser Aufgabe gefordert, da die Auszubildende die Erfassung der Daten selbstständig planen muss, damit diese pünktlich zur Abrechnung bereit stehen. Sie erkennt die Wichtigkeit dieser Tätigkeit und optimiert ihre Organisation. Durch Rückfragen und das Besprechen verschiedener Fälle mit der Ausbilderin wird die Kommunikationsfähigkeit erweitert. Da sie der Ausbilderin auch zuarbeitet steigt außerdem die Teamfähigkeit, was insgesamt die Sozialkompetenz trainiert. Auch die Individualkompetenz wird in vielen Bereichen ausgebaut, da die korrekte Erfassung der Daten Konzentration und die Bereitschaft zur Selbstkontrolle erfordert. Durch die zeitweise eigenständige Übernahme des Aufgabenbereiches steigt das Verantwortungsbewusstsein und die Motivation der Auszubildenden.

3. Planung und Durchführung der Unterweisung

3.1. Ort und Zeit der Unterweisung

Die Unterweisung wird am PC-Arbeitsplatz im Lohnbüro ausgeführt. Um eventuelle Störungen zu vermeiden wird das Telefon auf die Zentrale umgestellt und die anderen Mitarbeiter im Büro werden informiert. Der Schreibtisch ist sauber und aufgeräumt. Als Uhrzeit wurde 10:00 Uhr vormittags mit der Auszubildenden vereinbart. Die Unterweisung sollte nicht länger als 20 Minuten dauern, damit die Konzentrationsfähigkeit der Auszubildenden erhalten bleibt und sie das neue Thema leichter erlernen und verinnerlichen kann.

3.2. Unterweisungsmethode

Als Unterweisungsmethode habe ich die Vier-Stufen-Methode in Verknüpfung mit dem Lehrgespräch gewählt.
Durch die Vier-Stufen-Methode (Vorbereiten, Vormachen und erklären, Nachmachen und erklären lassen, Üben und selbstständiges Anwenden) kann die Auszubildende feste Abläufe einüben und Fehler werden frühzeitig von der Ausbilderin erkannt oder sogar vermieden. Da diese Methode den psychomotorischen Lernzielbereich mit dem kognitiven verknüpft ist sie eine gute Voraussetzung für einen hohen Lernerfolg. Mit Hilfe von gezielten Fragen werden bereits vermittelte Lerninhalte in die Unterweisung mit eingebunden und die Auszubildende so zum Mitdenken angeregt. Sie kann so verschiedene Lerninhalte miteinander verknüpfen und Zusammenhänge besser erkennen.

3.3. Lehr- und Ausbildungsmittel

Bei der Unterweisung werden folgende Arbeitsmittel benötigt:

- ✓ PC-Arbeitsplatz
- ✓ Lohnerfassungsliste
- ✓ Taschenrechner
- ✓ Notizblock und Stifte

3.4. Vorangegangenes Thema

Die Auszubildende befindte sich seit zwei Monaten in der Personalabteilung und hat dort bereits bei anderen Aufgaben, wie z. B. der Bearbeitung von eingegangenen Arbeitsunfähigkeitsbescheinigungen und Urlaubsanträgen mitgewirkt. Zuletzt hat sie das Ausfüllen der Lohnerfassungslisten und die Berechnung von Fahr- und Verpflegungsgeld erlernt und führt diese Aufgaben bereits seit zwei Wochen selbstständig aus.

3.5. Nachfolgendes Thema

In den nächsten Wochen wird sich das Thema „Erstellung und Prüfung der Lohnabrechnungen" dieser Unterweisung anschließen, so dass die Auszubildende das gesamte Thema der Lohnabrechnung von Anfang bis Ende erlernt hat und dieses Aufgabegebiet dann selbstständig ausführen kann. Inhaltlich wird hier unmittelbar an das aktuelle Unterweisungsthema angeknüpft.

3.6. Unterweisungsverlauf

(siehe Anlage Unterweisungsverlauf)

3.7. Sicherung des Lernerfolges

Nach erfolgreich durchgeführter Unterweisung wird Frau Muster in den nächsten Tagen selbstständig das Erfassen der Lohndaten im Abrechnungsprogramm übernehmen, um das Erlernte weiter zu vertiefen und eine Routine für die Aufgabe zu entwickeln. Bevor die Ausbilderin ihre Arbeiten kontrolliert soll sie eine Eigenkontrolle durchführen. So wird die Selbstständigkeit und Eigenverantwortung der Auszubildenden gefördert und ihre Handlungskompetenz gesteigert.

Unterweisungsverlauf

Stufen	Inhalt	Methodisches Vorgehen / Begründung	Medien, Arbeits- und Lehrmittel	Zeit
1. Vorbereiten	- Arbeitsplatz aufräumen, Telefon umstellen	- Vermeidung von Störungen		
	- Arbeitsmittel bereitstellen	- alle Arbeitsmittel sofort verfügbar; keine Unterbrechung	- PC gestartet; Lohnerfassungsliste, Taschenrechner, Stifte und Notizblock liegen bereit	ca. 3 Min.
	- Ziel der heutigen Unterweisung vermitteln	- Interesse und Motivation wecken		
	- Vorkenntnisse abfragen	- an welche vorhandenen Vorkenntnisse kann angeknüpft werden?		
2. Vormachen	- die vorliegenden Arbeitsmittel erläutern (statt PC hier Bildschirmausdrucke)	- zeigen der Arbeitsmittel mit kurzen Erläuterungen wozu diese dienen	- PC (Ausdrucke); Lohnerfassungsliste, Taschenrechner, Stifte und Notizblock	
		- Auszubildende darauf hinweisen sich Notizen zu machen		
	- Lohnerfassungsliste wiederholen	- Anknüpfen an vorangegangenes Unterweisungsthema	- Lohnerfassungsliste	
	- Programm starten und Lohnerfassungsmaske öffnen	- Heranführen an Benutzung des Lohnprogrammes	- PC-Ausdrucke	ca. 5 Min.
	- Eingabe der Daten in Programm	- Erläutern was in welchem Feld erfasst wird und wie man falsche Daten löschen kann	- Lohnerfassungsliste, PC-Ausdrucke	
		- Erklären verschiedener Buttons in der Eingabemaske		
	- Abhaken und Kontrolle der eingegeben Daten	- Motivation zur Selbstkontrolle, Angst vor Fehlern nehmen	- Lohnerfassungsliste, PC-Ausdrucke, Stift	
3. Nachmachen	- Auszubildende erfasst nun Daten im Programm und gibt Erläuterungen dazu	- Kontrolle ob Thema verstanden wurde	- PC (Ausdrucke); Lohnerfassungsliste, Stift	
	- Bearbeitung von zwei weiteren Fällen durch die Auszubildende	- Eingreifen der Ausbilderin nur bei Fehlern oder Fragen	- s.o.	ca. 7 Min.

4. Üben	- mehrere Lohnerfassungslisten werden der Auszubildenden zur Eingabe überlassen und später von der Ausbilderin kontrolliert	- Loben der Auszubildenden bei fehlerfreiem Arbeiten - Lernerfolgskontrolle - Ausbilderin steht für Fragen zur Verfügung	- Lohnerfassungsliste, PC-Ausdrucke, Stift, Taschenrechner	ca. 7 Min.
Abschluss-gespräch	- Kontrolle der bearbeiteten Fälle - Zusammenfassung - Verabschiedung mit dem Hinweis auf das nächste Unterweisungsthema	- Klärung von Fehlern - Loben zur Motivation der Auszubildenden - Dank für gute Mitarbeit - Motivation für zukünftige Aufgabe		ca. 3 Min.

Personal Nr	123
Name	Mustermann, Max
Wohnort Km	Gelsenkirchen

Sollstd. pro Monat	* 180,5
Std. Lohn, LG 3	15,64 €
Std. Zeitkonto	

| Befristung | |
| Monat | April 13 |

	1.4.	2.4.	3.4.	4.4.	5.4.	6.4.	7.4.	8.4.	9.4.	10.4.	11.4.	12.4.	13.4.	14.4.	15.4.	Summe prod.	unprod.
KST																	
7099																	
SW																	
229	8	8,25	8,25	6,75/6e	8			9	9	8,25	9	9	5		9	88,5	9,75

	16.4.	17.4.	18.4.	19.4.	20.4.	21.4.	22.4.	23.4.	24.4.	25.4.	26.4.	27.4.	28.4.	29.4.	30.4.	1.5. Summe
KST																
7099																
SW																
229	9	8,25	8,25	8			8,25	8,25	8,25	8,25	5			6,25	8,25	86

			Summe
63 Fahrgeld vom Wohnort			
Baust innerh. Bo	3,20 €		
Baust außerh. Bo	7,00 €	22h - 2h = 154,1 -	
ab 31km nachgew. 0,30 € /km		22h -18+	
65 Verpflegung	4,09 €		
6 Staub	0,80 €		
6 Hammer	1,00 €		
6 Bus	12,00 €		
6 Schmutz			
8 sonstiges			
510 Sozialstunden			
511 Betriebsunfall			

		Summe
360 Weihn.geld gew.	617,78	
300 Prämie		
400 Urlaub VJ		
402 Urlaub LJ		
600/640 KUG | 601/641 Krank		
35 Anspar Std man.		
31 Entspar man		
34 SW entsparen		
81 Nachz Std		
83 Nachz Fahrgeld		
84 Nachz 25% Üstd		
85 Nachz Verpfl		
86 Nachz Erschw		

		prod. / unprod.	Summe
1	prod. Std		175,5
	unprod. Std		9,75
3	25% Ü Std.		185,25
160	Sonntag 75%		4,75
150	Nacht 20%		
520|645	Feiertag		8,25
500	LFZ		
505	Krankengeld		
580	fehlt entsch.		45
582	unbez. Urlaub		
506	Anzahl U		
890	Vorschuß		

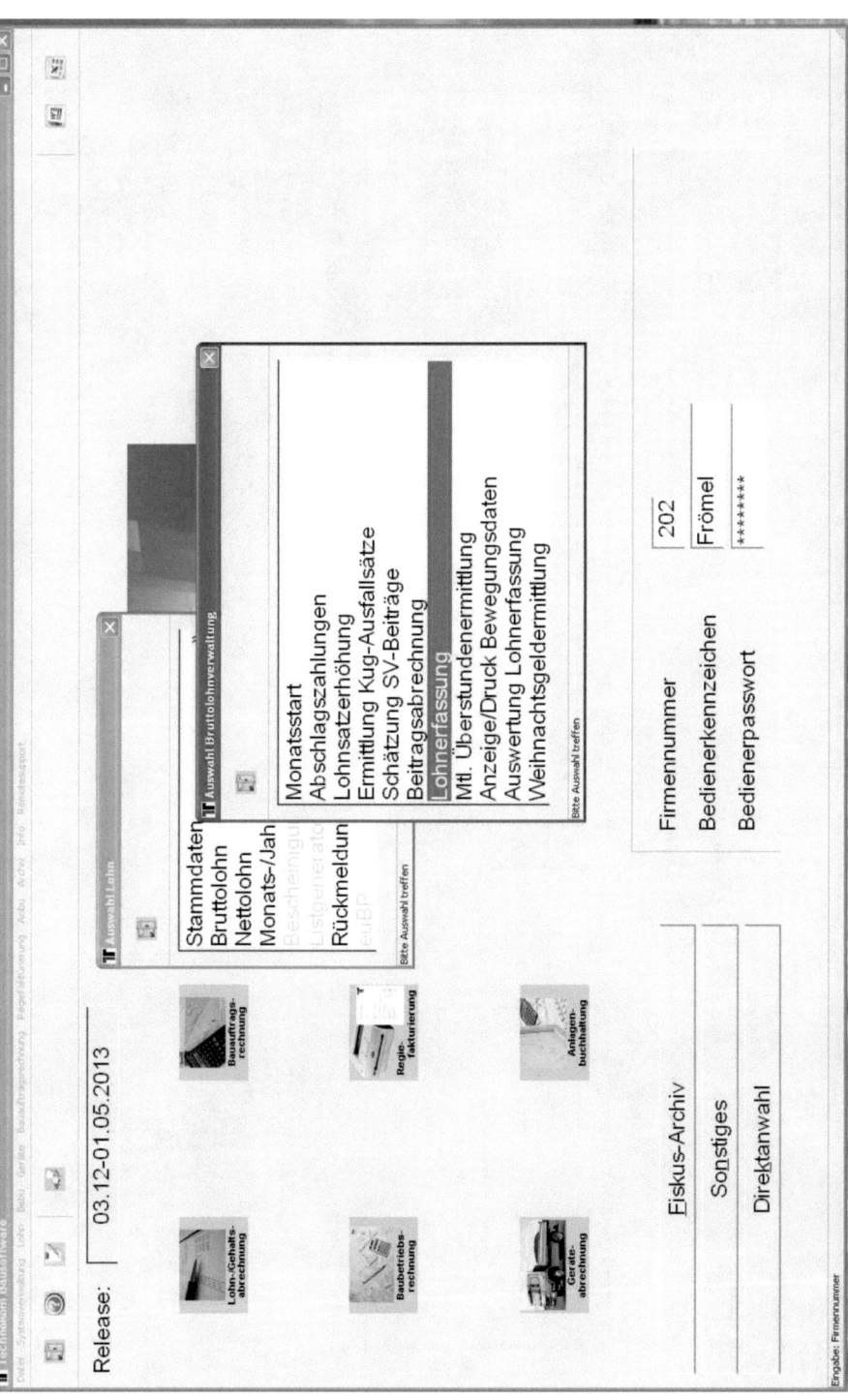

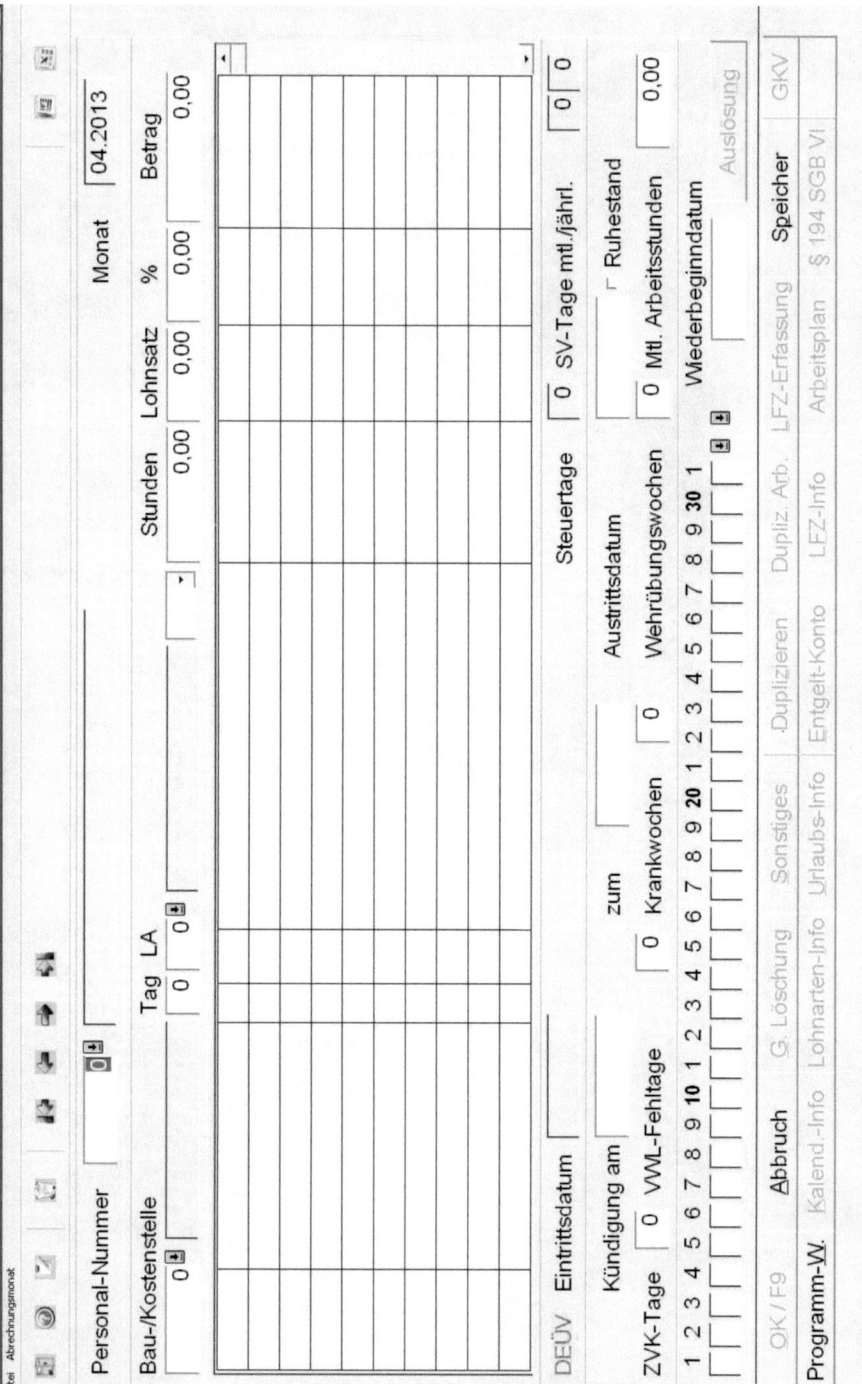

Lohnerfassung
Datei /Abrechnungsmonat

Personal-Nummer	123	Mustermann, Max			Monat	04.2013

Bau-/Kostenstelle

Tag LA

			Stunden	Lohnsatz	%	Betrag
	1	0	0,00	0,00	0,00	0,00
709229	Rheumaklinik He	30	1 Zeitlohnstunden	8,25	15,64		129,03
709229	Rheumaklinik He	29	1 Zeitlohnstunden	6,25	15,64		97,75
709229	Rheumaklinik He	26	1 Zeitlohnstunden	5,00	15,64		78,20
709229	Rheumaklinik He	25	1 Zeitlohnstunden	8,25	15,64		129,03
709229	Rheumaklinik He	24	1 Zeitlohnstunden	8,25	15,64		129,03
709229	Rheumaklinik He	23	1 Zeitlohnstunden	8,25	15,64		129,03
709229	Rheumaklinik He	22	1 Zeitlohnstunden	8,25	15,64		129,03
709229	Rheumaklinik He	19	1 Zeitlohnstunden	8,00	15,64		125,12
709229	Rheumaklinik He	18	1 Zeitlohnstunden	8,25	15,64		129,03
709229	Rheumaklinik He	17	1 Zeitlohnstunden	8,25	15,64		129,03

DEÜV Eintrittsdatum 04.08.1998

Steuertage 30   SV-Tage mtl./jährl. 30 | 30

Austrittsdatum   ⌐ Ruhestand

Kündigung am ___ zum ___

ZVK-Tage | 0 | VWL-Fehltage ___ | Krankwochen | 0 | Wehrübungswochen | 0 | Mtl. Arbeitsstunden | 0,00

Wiederbeginndatum ___

1 2 3 4 5 6 7 8 9 **10** 1 2 3 4 5 6 7 8 9 **20** 1 2 3 4 5 6 7 8 9 **30** 1

Auslösung

OK / F9	Abbruch	G. Löschung	Sonstiges	Duplizieren	Dupliz. Arb.	LFZ-Erfassung	Speicher	GKV
Programm-W.	Kalend.-Info	Lohnarten-Info	Urlaubs-Info	Entgelt-Konto	LFZ-Info	Arbeitsplan	§ 194 SGB VI	

Eingabe: Bau-/Kostenstelle/Personal-Nummer

NUM INS 15.05.2013 07:54:48

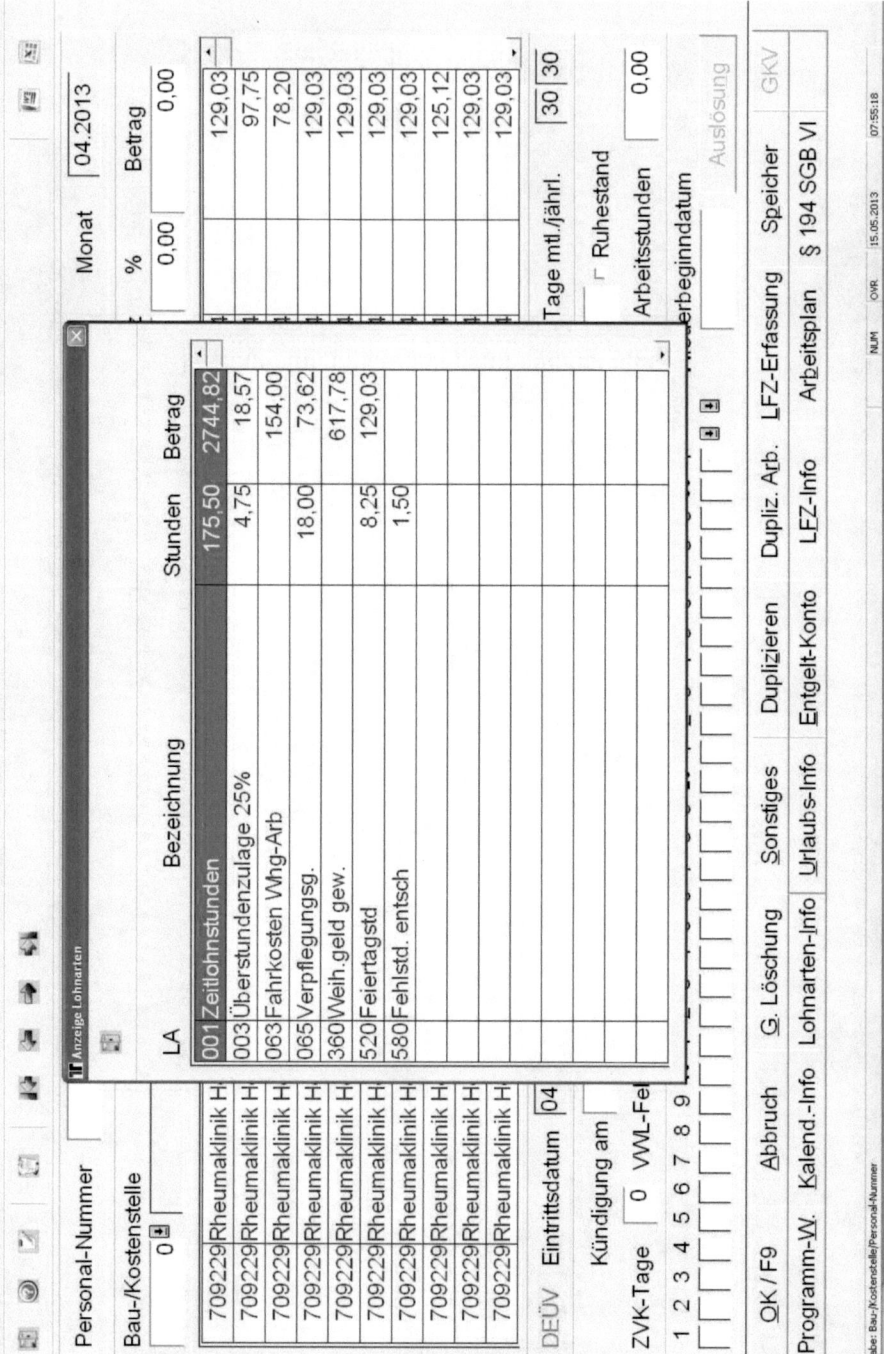

BEI GRIN MACHT SICH IHR WISSEN BEZAHLT

- Wir veröffentlichen Ihre Hausarbeit, Bachelor- und Masterarbeit

- Ihr eigenes eBook und Buch - weltweit in allen wichtigen Shops

- Verdienen Sie an jedem Verkauf

Jetzt bei www.GRIN.com hochladen und kostenlos publizieren